I0187156

POÉSIE PEUT-ÊTRE ?

Par André Loiseau dit Loiselet

ISBN : **978-2-923727-66-0**

Tous droits réservés : © André Loiseau

Dépôts légaux : Deuxième trimestre 2017
Bibliothèque et Archives Canada
Bibliothèque Nationale du Québec

Correction : Courtoisie Normand Lebeau

Oeuvres d'André Loiseau dit Loiselet

Disponibles à la bibliothèque Nationale du Québec.

(Signe ***)
Achat chez l'auteur au choix : **loiseau.andre@bell.net**

*** **Le mal des anges**, nouvelles érotiques poétiques, Éditions Parti Pris, (Gérald Godin), 1968. (Saisi par la moralité en 1969.)

Un bel enfant de chienne, roman, Éditions Vert Blanc Rouge, Éditions De l'heure, (Léandre Bergeron) 1973.

Le diable aux vaches, poésie versifiée en québécois, Éditions Québécoises, (Léandre Bergeron) 1974.

Quelques facettes d'une femme aimée, poésie, Éditions Melonic, 2006.

***…**ou vertes saisons**, poésie, Éditions Melonic, 2007.

Les heures dégoupillées, poésie, Éditions Melonic, roman, 2008.

*** **Les calepins de l'étranger**, roman, co-auteur, Éditions Melonic, avec Gilles Jodoin, 2008.

La Brasserie, roman, co-auteur, Éditions Melonic, avec Gilles Jodoin, 2012.

*** **Contre les lunes d'avril**, poésie, Éditions de l'Étoile, (Réjean Roy), 2013.

*** **Les hivers de mon arbre d'été**, poésie, Éd. La Rélovution, (Yvon Jean), 2015.

*** **Des mots pour tes yeux**, poèmes, co-auteur, Melonic, avec Gilles Jodoin, 2009.

*** **Les îles de la nuit**, poèmes, co-auteur, Melonic, avec Gilles Jodoin, 2008.

*** **Une tache d'encre**, poèmes, co-auteur avec Gilles Jodoin, 2009.

*** : **Jongleries, mes axiomes**, Éditions Melonic, 2015.

(M. Gilles Jodoin est décédé en 2013.)

« Je suis dur

Je suis tendre

Et j'ai perdu mon temps

À rêver sans dormir

À dormir en marchant

Partout où j'ai passé

J'ai trouvé mon absence

Je ne suis nulle part

Excepté le néant

Mais je porte caché au plus haut des entrailles

À la place où la foudre a frappé plus souvent

Un cœur où chaque mot a laissé son entaille

Et d'où ma vie s'égoutte au moindre mouvement. »

(Pierre Reverdy, « La liberté des mers », 1959)

AURIEZ-VOUS SU COMMENT

Auriez-vous su comment danser la grande ronde bleue des petits carrés rouges, tandis que les criquets gueulaient dans nos chaudrons cognés, juste avant que la police nous accompagne au violon ?

Nous avions le vacarme
bien en main
et le coup de torchon
enligné devant nos yeux
cherchant la saleté.

Les mafieux se cachaient derrière la police.

Auriez-vous connu
la grande marche tranquille
foulant la voie étroite
des trop riches
qui bouffent notre foin,
la marche des christs
sur la mer dévoyée
alors que nos sous
n'en menaient pas large
sous nos semelles trouées
et nos cochons brisés ?

Drapeaux rouges ou noirs sous la gifle des gaz de Cayenne, nous devenions fragiles, sensibles à la

matraque mais le cœur ouvert comme une chaîne
de montagnes brassée, afin qu'elle déboule son
averse de roches.

Notre itinéraire
se retrouvait ailleurs
où les amis marchaient
pour se tenir debout.

Auriez-vous su comment danser la ronde bleue ?

BLANCHE-NEIGE

Connaissez-vous
l'histoire de la Blanche-Neige
à qui on aurait donné le bon Dieu
sans concessions ?

Elle n'en pouvait plus de s'amuser à faire courir la galipote aux sept nains qui trottaient derrière elle, à l'affût du moindre soupçon de chair, car elle retroussait son jupon ciel au-dessus de chaque flaque d'eau reflétant son absence de culotte.

La vie fait des détours
pour trouver bien aimable
le nuage qui souffle
même s'il est noir d'averses.

Blanche-Neige qui avait l'oreille fine comme du papier de soie, n'écoutant que son cœur d'onguent magique, se promenait entourée de nains serviles et pervers qu'elle excitait au fouet du désir.

Comme une géante
elle avançait
palpant la rosée
de ses pieds nus
attentifs aux bijoux
qui scintillaient
dans l'herbe.

Prudente, elle se gardait une larme au grenier pour la solitude, car l'impossible partage ne pouvait jouer quitte ou double.

Par un jour
de sautillante promenade
elle fut conquise par un vigoureux
jeune homme à l'œil de lynx.

Bien que les sept nains
copies conformes
aient espoir
en leur instinct de reproduction
ils firent un nœud
dans leur planche à clou
et servirent quand même
de suite nuptiale
au mariage du Prince-Charmeur
débarqué d'Ottawa.

Ils se firent porteurs et témoins jaloux, la mine au ras du sol, pour le Prince qui s'en venait découvrir le mystère langoureux des crinolines de leur Blanche-Neige.

À l'occasion
des voyages du mari
l'épouse frivole
sautait encore les flaques d'eau
suivie des sept gardes du corps

qui
fidèles au pays
et dans l'expectative
d'un terrible accident
voyaient
à bien la protéger.

CHANGEMENT DE MAINS

L'amour est un vaisseau fantôme
qui prend ses jambes à ton cou
à chaque débarquement.

Les musiques font des chansons douces en jouant du violon dans notre dos, l'air de rien sous le matelas d'un maestro Karajan effrayé par les balayeuses du temps. Il ne remue pas beaucoup d'air ni d'harmonies avec sa baguette magique pour les papillons de son ami Hitler, lequel dirigeait d'une horrible façon.

Préparez-vous à vider vos poches
il deviendra criminel
un jour de remercier
pour le confort des confortables
et des divans chez soi.

L'alphabet se prostitue au trottoir des feuilles rouges arrachées de force et de haut vol aux danses cochonnes des hirondelles et des pigeons chiants.

Les tours de passe-passe
furent dénoncés
par la police des meurtres
et ils ne passeront plus à la télévision
à l'heure où les enfants la regardent.

L'amour demeure invisible
mais voyez comme votre corps
d'écorce fripée et dure
abrite le plaisir
comme se doit de le faire
l'esprit des sèves remuantes
qui ne résisteront pas
aux changements de mains.

Vous doutiez-vous que ce ne sera
qu'en flottant au plafond des séjours
sans carapace ni toit
qu'il nous faudra revivre ?

L'amour est un bateau qui fuit
les averses qui plombent
avec fusils en caoutchouc
gréés de vraies balles
pour voir aux vraies affaires

Il pleut des sous !

Brûlons le parapluie des riches !

CHANSON POUR L'ENFANCE

L'enfance n'a pas d'âge
car les vieux y retournent sans cesse.

L'enfant voit passer les nuages comme des paupières chargées d'eau, chaque fois qu'il entend le tonnerre crier par la bouche d'une maman, qui blessera pour soigner et qui le meurtrira un peu afin qu'il ne tombe pas pour vrai.

Toute sa vie, l'enfant se souviendra
peut-être trop tard
du baiser à transmettre aux petits
devenus adultes.

Lorsque l'enfant part et que la maman reste
c'est le Titanic.

L'enfance n'a pas d'âge, les petits deviennent policiers ou soldats par goût de jouer au cowboy et ils deviennent méchants, parce qu'on leur interdit de pleurer.

Chaque fois que nous nous dandinons
aux bottines du rêve
nous sauvons l'enfance.

Les enfants prennent garde
pour leur malheur
de ne pas partir
quand les monstres surgissent.

Mais que feront plus tard les enfants captifs des larges chaînes alimentaires aux cuisines de l'ordi tandis que la moitié des joueurs de rien périront victimes des échéances dues ?

Ce sera l'ère de la manipulation de l'artifice par les artificiers de l'artificiel.

La nuit où
leurs monstres seront devenus plus civilisés
plus raffinés
enrichis et sécurisés
ignorant l'angoisse des enfants
forcés de prendre leur trou pour reposer en paix.

Quand l'urgence de la beauté
se retrouve au second plan
la Poésie
symbole des sources
en prend pour son rhume.

L'univers s'est réduit à un truc à manettes, dont l'écran leur est apparu au creux des mains, en remplacement de celles toutes chaudes de leur mère qui se retrouve comme réjouie de cette docilité

médicamenteuse des enfants, devenus eux-mêmes jouets.

Le futur évident
deviendra lourd de violences.

L'enfance croira en permanence aux contes des sorcières, elle n'ira plus hurler ses cris de guerres dans nos ruelles, où les chats pourront enfin dormir tranquilles sous le balcon des indifférences.

Mais la Poésie vandalisera les pierres tombales, en vue d'une force nouvelle qui viendra déblayer la route des cerveaux sous le carcan.

DES FOIS L'AMOUR

Être en amour
c'est suicider les vieilles vies
qui nous pendaient au nez.

**Être en amour, c'est revenir du ciel par un matin
voyant le jour, une fois pour toutes.**

Être amoureux
c'est regarder minuit
se tasser les épaules
pour nous laisser passer.

Être amoureux
c'est surprendre l'obscurité
de nous deux
les culottes à terre
nuit souriante dans ses étoiles

et qui les compterait
les unes en face des autres
en espérant dans leur espoir
qu'elles ne filent pas
un mauvais coton
pour sa taie d'oreiller.

DIRE LA BONNE AVENTURE

Nous vivons dans une soupe
chimique
la planète est chimique
même l'amour est chimique
et nous le sommes pleinement
jusqu'aux oreilles.

Devrais-je pour autant
balancer mes formules
par la fenêtre ?

**Jamais ! Elles sont le précieux sang de mon aspé-
rité.**

**Tu es fleur de cactus, tiroir de mes appétences et
muscle du plaisir quand on a le cœur à l'ouvrage.**

En ton absence
ma respiration devient artificielle
et la lune se promène
les fesses avec l'air bête
des candides animaux.

Avec toi
ma chimie devient organique
alchimique, même
pour couler ton cœur d'or

aux bassines de nos mains.
Avec toi
les anges se font déboulonner
et s'en viennent gémir
nos secrets frémissements.

Tandis que Satan, illustre et palpable inconnu, brûle de nous faire danser sous le plancher des vaches, tout s'annonce cancérigène, autant que la vie qui nous tuera tous.

En salle d'attente, je cueille des marguerites en plastique, tout en invitant le bonhomme hiver à venir geler l'os de nos viandes à chien pour conserver nos chairs à vif.

Les attributs de ma conviction
ne tiennent plus la route
et ne sont plus bons qu'à être jetés
comme un T-Bone
aux lions des chrétiens.

Enfin dévoilées
les religions se décapitent
entre-elles
et l'argent vaticane
si longuement mérité
profite du capital
qui s'éternise
loin du peuple à genoux
pour faire je ne sais quoi.

Les gargouilles du bénitier
fédéraliste se vautrent dans le sirop d'érable
à pleins médias
et leur viscosité
nous colle à la semelle
comme de la bave de crapaud.

Fleur de cactus, ta locomotive à vapeur d'eau traverse mon désert vers un oasis jacassant contre les arbres anorexiques de nos hivers, alors que j'entends les feuilles migrantes crier les prochaines tempêtes.

Ta locomotive avait peur.

Les corneilles
du Palais d'injustices
préparent la défense
d'éléphants
en voie d'extinction
comme un feu de forêt.

Tes yeux brillent
et le désir du désir
remue mon serpent
centenaire.

La jeunesse
nous est restée suspendue
au bout du nez
du cordon ombilical.

Regardant par la télé du loyer, rue Berri, je vois chaque jour l'océan assassiner ses poissons en vrac dans les bateaux-pirates, avant que le rejet ne vienne engraisser les baleines d'une progéniture sans avenir, tout en mastiquant nos fruits de mer pour en faire une salade en opinant du chef.

Et nous voici encore sur le cul, entourloupés d'orchestrations maritimes et de propos salins.

L'océan est devenu guerrier désarmé
vieillard édenté
qui flotte coûte que coûte
sur le dos des pétrodollars.

EN PARTANCES

Pour ceux qui partent
les oiseaux s'écrasent
et les lucioles s'éteignent.

Les gorges asséchées
au piment de nos plages
ne peuvent plus mentir
face aux ouvertures
qui multiplient la fuite
par les trous de douleurs.

**L'amour est une viande mangée par les chiens, les
loups et les louves, les itinérants et les papes : vian-
de qui se retient en-dedans de nous et qui permet
l'étonnement en redressant la tête.**

**L'amour est une nourriture où les amoureux vont
se briser les dents. Les couronnes coûtent cher aux
révolutions des pauvres mis en réserve des rois.**

La passion n'est plus
comestible
devenue T-Bone
qui traîne savates
dans les chaînes des supermarchés
elle se retrouve
pendue haut et court
reniée par sa caricature.

L'amour est un serpent
envenimé
qui vampirise
et nous caresse longuement
de sa langue fourchue
bien plantée dans le foin
l'âme salopée jusqu'au corps
prisonnier
de réjouissances
à salives fluviales.

Ce sentiment est un reptile qui nous retient les bottes au ciment d'une route asphaltée d'enveloppes grises. Il nous téléporte au septième étage de la firme à maman, loin de notre cerveau aux vers diversifiés, cactus larmoyant qui se débat vers la sortie des artistes où nichaient les poubelles.

Combien peut-on compter
de boucs
au rêve d'une amoureuse
ou lors du réveil
d'un mal-aimé
quand le jour laisse briller
le blanc clitoris de l'amante
cachée
sous un jupon noir ?

Comment donc se déprendre de ce piège profond, de cette bouche gloutonne, ruche sertie d'abeilles

aux bouts des doigts qui marchent ? Combien d'amants attendent à la porte de l'aube et qui se souhaitaient l'apocalypse des orgasmes ?

Le froid d'acier plastifié
déposera une bûche au foyer brisé
échappé par terre
durant l'embuscade des mensonges
qui avouent leur franchise
tandis qu'aisément
l'amour se défait
des fils et de l'aiguille
qui cousaient son manteau.

Dans la jungle quotidienne
le sang des fauves
s'en retourne au canon
des chasseurs qui voient rouge.

Le sang s'échappe
au contact du réel
en oubliant la corde
de l'arc-en-ciel
grâce à leurs gueules
aspirantes.

Tandis que sur terre
les pirates s'en vont à l'abordage
les bateaux niaiseux
ouvrent leurs fesses d'écume

au retour gastrique du poisson
les marins se la coulent douce
jusqu'au fond de l'eau.

Rappelons à nos mémoires d'alcôve le souvenir d'hirondelles galopantes échappées des poitrines ou celui des colombes prisonnières du filet des jours qui retiendront leur fuite de pigeons voyageurs de commerce. Oiseaux qui nous étranglent de départs fulgurants et qui transportent leurs illusions vers des maisons de verre.

Quand l'amour
déroule son serpent
à sornettes
et se libère la membrane du cœur
son parfum habite
une tendresse blessée
au creux des mains
habituées aux travaux d'usine
regard fixé
au nombril du soir qui veille.

C'est un jardin suspendu à la pluie
dans l'aube du crépuscule
quand elle pisse vinaigre
sur nos attentes.

La misère des moineaux marche en semelles de plomb, scaphandres fuyant le terrain des amants

**envahisseurs, pirates en chair promise, voyageurs
en noyades.**

À travers les méandres
de la nudité ensemble
existe des caresses
loin des lendemains.

À travers nos vies
et de l'avis de nos vis-à-vis
existe
de peine et de mystère
marchant sur les genoux
la fragile beauté
qui s'abrite derrière
nos hécatombes programmées
pour l'inattendu.

Pour ceux qui partent
les oiseaux s'écrasent
de l'autre côté du solfège
et les lucioles
ferment leurs yeux
pour rester au chaud.

FANTAISIE-1

Poète assis.
Un corps de garde.
Un garde du corps.
Un érudit ignare.
Un sans-abri banquier.
Un colibri collé.
Un dentier volé.
Un dentiste voleur.
Un pisse-au-lit talentueux.
Un lilliputien géant.
Une prostituée tuée
et qui pleurait encore.
Un faux jeton.
Un vrai python.
Une fausse monnaie.
Un vrai frère.
Un faux minou
et un faux poème.

FANTAISIE-2

Un rat musclé.
Un squelette obèse.
Un soupirant essoufflé.
Un boxeur d'oreiller.
Un pelleteux de poussière.
Un champion dépressif.
Une dépression programmée.
Un héritage de broches-à-foin.
Un sourire bleu-ciel.
Une étincelle aveugle.
Un crime bien éjaculé.
Un chapelet d'injures pieuses.
Un malcommode mal raccommodé.
Une église bordélique.

Des anges joyeux et un bon Dieu sans confession.

KEROUAC EST MORT

Tous les trottoirs du monde
me séparent de toi
quand tu t'évanouis
dans l'ombre grise
du chat des ruelles.

On ne trouve plus
qu'un seul boulevard
à double sens
pour nos sens uniques.

**Derrière le volant, Kerouac déroulait le ruban de la
route entre ses doigts, en balance sur la ligne blan-
che, avec le phrasé d'histoires à coucher dehors
sous la brise américaine et l'accent circonflexe d'un
brillant saxophone jouant mille et une nuits qui ne
traverseront qu'au bord de l'eau, à l'endroit où la
blessure saigne nos freins pour les vampires en mal
de boulevards.**

Les guerres gigotent
dans les poubelles de l'histoire
comme des rats musclés
comme des *macho men*
échappés du Village
des voleurs.

Les rues de traverse
nous seront traversiers
d'eau trouble
qui mèneront de l'aube
jusqu'à nos lits.

Il n'y a pas d'excuses
qui vaillent
pour empêcher l'existence d'un Dieu
qui marche sur le caillou
glissé dans nos souliers
depuis la naissance
des bobos.

La guerre continue
son manège de charognard
contre la vie de tous
en marche
vers la terre compromise.

Les solitaires ne demandent qu'à tricher leurs malheurs avec des chiennes de basse-cour bien adressées chez leurs promoteurs que l'on visite à reculons, pour ne pas se regarder ou se faire mal voir.

Surpris
Kerouac vieillissant
a glissé sous un dernier train
sans crier gare !

Trop de vie derrière
pas assez devant !

Au lieu de sortir
vaudrait mieux fermer la fenêtre
quand l'absence en mini-jupe
frappe à la porte
comme un poignard dans le dos.

Parmi ses effets
de hanches et de seins
l'absence est lisse
comme le mont chauve.

Saviez-vous que les kamikazes
ne sont pas tous japonais
et qu'ils adorent faire la bombe
lorsque faire bombance
s'avère difficile
avec les miettes qui s'échappent
de la table des riches ?

Les fumées du haschisch à air comprimé parfument l'encensoir des curés à la mode, mais ce sera l'amour, tous comptes faits ou à crédit, qui sauvera le monde de toutes ses églises.

Derrière le volant, Kerouac fumait un joint tout en enfilant les nuages au cou des princesses en voyagements.

Mais le sourire des femmes
marche tout croche
parmi le chaud et le froid
entre le bord des larmes
et le large des appétits
qui s'endorment
derrière le building assassin.

Ce sera avec des lèvres
lippues
et pointues
que les amants
suceront l'hostie
de l'offertoire des ventres
malmenés
en nombrils poisseux.

Aux actualités, le mensonge lubrique du fils à Caca viendra nous ouvrir le chemin des calendriers d'octobre, au fil des cancans qui tuent.

Malgré les drogues fortes
du poème
les pays du cœur
battront la mesure des fusils
quand on espérera
reconstruire les graffitis
des rides
qui nous barrent le front
en nous tirant la langue.

Souhaitons que les amours
viennent au plus vite
soigner les larmes
ramassées
aux poches des yeux
et à la vue de tous
avant que la gueule du trou
ne viennent digérer nos cancers.

Nos regards brilleront un jour, autant que le feu d'une mèche trop courte, qui viendra effacer d'un sourire bref l'indignité générale, qui nous saute à la gorge, en débordant les rues criblées de pièges policiers.

Et en aparté quand même
rien de plus joli
rien de plus délicat
que de voir un amour
boire son petit lait
avec le bout des doigts
jusqu'au bout de ses lèvres.

Jadis, quand le piano accompagnant Charlie Parker, entremêlant bonnes et fausses notes à l'école buissonnière du jazz afin de bardasser nos éconduits auditifs, Kerouac jouissait de papier rouleau en papier roulé.

Revenons à nos pauvres
et à nos quêteux
en habits chromés
pour lesquels
ce qu'on appelle l'aube
est devenue putain
refaisant le trottoir
à grands coups d'enveloppes roses
bien torchées de colle
et enfouies au bureau
des hommes de l'affaire.

La vraie business de tous ceux qui ne travaillent jamais, mais qui s'emploient à nous offrir un système au salon d'une caverne aux quarante violeurs, qui s'appellent manches de pelle ou bonbons au cyanure pour électeurs comblés, offerts par la gueule des banques, qui bavent ses profits face au pont d'or de leurs dentiers infâmes.

Les comptables sont les maîtres des décharges publiques en jouissances de nos biens.

Les vraies affaires ne sont pas les nôtres.

On ne nous laisse qu'une petite mort au fond des poches.

Les bottines machistes
de la droite en ligne droite

sont à portée de mains
depuis qu'elles applaudissent
à tout casser
à tout briser
avec la bénédiction des haines
surgissant d'un passé Cro-Magnon.

Oups ! C'est New-York.
Embouteillage de taxis jaunes
au sous-sol des gratte-ciels !

Il est quand même triste que Kerouac soit mort, victime des lois du marché, dans la deuxième tour newyorkaise de la piste d'atterrissage...

Rien de plus vraie
qu'une fausse vraie note
bien déjouée.

LA BAGUE À LA PATTE

J'avais essayé de mettre la bague
à la patte d'un aigle
qui disparut, n'en faisant
qu'aux plumes de sa tête.

**Quand on piétine un câble sous tension en l'abus
d'explosions, celles de quelques queues déguisées
en files d'attente d'autobus qui seront surprises
toutes raides et à rebrousse-poil, comme sous hyp-
nose.**

L'essentiel est de mettre la bague
nulle part
en faisant mine de l'avoir oubliée
quelque part.

Se voulant porte-étendard
porte-voix pour les idées en l'air
la vie ne chagrinera plus
que notre portefeuille.

Avouons-nous donc
le plaisir d'être soi
bons ou mauvais, tout seuls
comme avec les autres
lorsque la naissance arrive
d'un grand coup sec

dans les poils de la survie
comme une bombe défendue.

Les Bar-B-Q
rôtis ou brûlés
ne travaillent sous la couverture du temps
que lorsqu'il est couvert
et nous les regardons faire
activement désargentés
surveillant le four des micro-ondes
qui tourne à vide.

Les aigles ne se font jamais baguer, virevoltant sur une patte, ils changent de pays si bien que l'amour ne sait plus à quel sein bécoter, surtout quand le décolleté s'élargit entre riches et pauvres, lesquels seront tellement éloignés qu'ils ne pourront plus jamais nous rejoindre qu'à coups de fusil, qui tireront plus vite que leurs nombres.

Paraît que la vie se cache
au détour de la mort
et qu'elle nous écrasera les pieds
empêchant les galipotes
quand nos orangeraies
seront en mal de pommiers
si elles donnent des bananes.

L'aigle ne répondra plus
tout comme nous
de rien ni de personne.

Aurait-il le blanc des yeux rouge ou blanc
comme nos enfants futurs ?

Un seul être nous manque
et tout est surpeuplé
de petits peuples.
Nous sommes un grand peuple
sans envolées
bagué d'inexistence.

Le lac superficiel
de nos larmes
vendues aux crocodiles
du lingot d'or
consolera quand même
faute de peu
l'espoir des pauvres qui attendent
statufiés
dans l'équilibre des courants d'air
où les aigles s'enfuient.

Quant à moi,
bague ou pas,
l'arrivée fracassante de l'autobus
avec ses petites lumières de fête
véhicule responsable
de mes rêveries nocturnes
vient remuer mes fesses
de l'abri où j'allais prendre racines.

N'essayons pas de comprendre la poésie
moitié homme
mais surtout femme
qui ne sera jamais
problème algébrique.

N'entendez-vous pas, par-delà les battements d'ailes de l'oiseau prédateur, loin du froufrou secret des kalachnikovs ?

N'entendez-vous pas la chanson des baisers surgissant du gouffre des cieux pour continuer l'espoir de nos tendresses en chaise roulante ?

La seule bague à la patte
et qui n'ait pas de prix
est celle que l'on porte
à l'aorte du cœur.

LA FEMME PARATONNERRE

Je ne suis pas moi-même
car je ne suis qu'un numéro
celui d'un bingo malchanceux
le numéro d'un être humain
qui rêve à sa façon
autant que vous le faites à la vôtre.

Pourquoi la parole du poète
serait-elle invisible et muette
de son vivant
autant que sa poussière
le deviendra ?

**Pourquoi nos paroles seraient-elles pour les sourds,
alors que le printemps est à portée de fusils et que
la guerre attend dans l'enclos des vaches qui rumi-
nent leurs meurtres ?**

La peur tremble
dans nos corps questionnés
tandis que le plaisir des pauvres
s'enivre d'un sable
dépourvu d'oasis.

**Les animaux savants n'en peuvent plus et nous par-
lent dans le dos en même temps que la télé tousse
et mouche leurs annonces de guerres et de mauvais**

rhumes. Le temps serait-il venu de blasphémer l'absence ?

Les vagins allumés
sentiers perdus en forêt
ne seront-ils jamais
assez larges et profonds
pour endormir nos têtes de pioche ?

Vous les femmes, laissez donc sans craintes frou-frouter vos robes au-dessous de nos nombrils complices, permettant que le ciel répande ses douceurs sur nos têtes secouées.

Venez fermer nos yeux aux gouffres qui s'avancent !

Nous ne faisons qu'une chair à canons
prête à défaire le firmament
que nos courses fuyaient.

Entendez-vous derrière la montagne, devant les vacarmes, rire et se moquer les moineaux qui se débattent et picorent comme nous dans leur fureur de vivre pour se remplir la panse ?

Au fond du bois des maquisards
les ruisseaux changeront de couleur et de peau
et ne chanteront plus que dans l'étranglement.

Les bilingues parlent
des deux côtés de la bouche
en même temps.

Nos refrains déraperont
au son des tambours innommables
qui ne se tairont plus
devant l'amour de nos femmes
encore paratonnerres.

LA LOI

Il restera encore un petit lac
au rebord des paupières
quand la dernière feuille
tremblera de toutes ses nervures
une minute avant l'arrivée
du tambour des grands vents.

Le ciel sera tout nu
plus rien n'abrillera le bleu.

L'hiver des charrues volantes
se prépare derrière le parc
où les écureuils courent à reculons
en descendant des arbres

Les jours se ratatinent
marchent sur les genoux
tête basse et soumis à la loi.

LA MUSIQUE DES ÎLES

La musique des îles
est tombée dans l'eau chaude
dans cette giclée noire de monde
dès que les patates sont cuites.

**Guitares bien pendues au piano des oreilles, femmes
fuyantes évadées de tous, femmes quasi palpables
et attendues aux yeux des fenêtres, cessez d'être
vos miroirs !**

Bonnes gens
méfiez-vous des requins
en sous-marins d'eau trouble
pognés dans le pétrole des autres
et qui se déchirent le couteau des dents
assis sur les bancs d'espadons
banc de poissons en bois rugueux
bois dur des radeaux S.O.S. !

Écoutez là-bas
les salsas
jazz et blues
qui bouillonnent
dans la grande salière musicale
domptée pour l'oreille de la danse.

Revenus en ville
voyez l'insatiable désir des chats noirs
pour le boulevard des ruelles.

Comment pourraient-ils exister sur l'écran blanc des riches quand ils sont noirs avec l'ivoire aux yeux de la bouche ?

Et comment vivre pour vrai au-dedans de la glace du nord emprunté tout en s'empêchant de disparaître au feu des souvenirs, drôles d'oiseaux de paradis blottis en vrac dans la nichée des feuilles métalliques cousues en peau de balles, mains battant au tam-tam des passions étouffées ?

Les poissons
dans leur chanson de poisson
ne s'entendent plus qu'entre eux
égarés qu'ils sont
lorsqu'ils côtoient la silhouette creuse
des affamés perdus en mer
pour des arachides
ou des noix de coco.

La guitare pleut des cordes
tandis qu'une batterie furieuse
serre les mâchoires du beat
sur une musique bleue
s'entêtant à cogner du pied
tout en marchant à la baguette
du maestro.

Guitares et bongos se sont mariés à des endroits surpeuplés de pirates et à des îles qui se sont épousées derrière un nuage de fruits brillants parmi les confettis des insectes rieurs.

Malgré le parasol des cœurs, le corps des filles s'est fait culbuté quand même au jardin des périls, à deux pas du nombril, avec le sperme des mots et l'érection des phrases.

Craignons d'être surpris
par le fantôme des baleines
prenant leur douche
quand l'océan regarde ailleurs !

À la fin du chapitre
les révolutions mourront de rire
et le tsunami des amours
en acier trempé
brandira l'espoir à bout de poing
devant un ciel statufié
de larges soifs.

Comment pourrions-nous
briser notre boussole
comme une bouteille de vin ?

La musique des îles
vient juste de claquer
son dernier claquement de doigts.

LA POÉSIE

À moins que vous ne soyez déjà ennoblis et que
vous ne parliez musiques et chansons, la poésie
sera une muraille de Chine où les libellules, comme
des oiseaux rares, iront se briser.

La poésie est l'amie intime
que l'on croise
chemin faisant
les yeux fermés
pour ne pas
qu'elle nous reconnaisse.

La poésie
pluie attendue
se terminant en queue de glaçons
mystère à la portée des musiques
marche en zigzag
à l'envers des horloges.

La poésie n'existera
que malgré
notre maladie mortelle.

La poésie, ce sont les rêves que vous aviez brisés en
quatre pour revenir au quotidien, évaporé que vous
êtes dans les humeurs du temps calculé.

Pour l'homme écrivant sans témoin
elle ne possède aucune valeur
en caisse des performances
encaissées.

Allez
les poètes
défoncer les portes ouvertes
et pelleter vos nuages
dans la cour du voisin !

LA RÉALITÉ

Le regard
n'est-il pas aussi vivant
qu'il n'y paraît
aux petites vues ?

C'est pourtant la vie
des grands boulevards
qui attend
au carrefour des visages.

Voyez là-haut
les nuages existent
sans l'ombre d'un avion.

Pour un zeste de chaleur
ils se tassent
comme les hanches
d'un amour en cuiller.

Le carré rouge-brique
des maisons
garde les épaules basses
et retient avec peine
le bras des escaliers.

En amour
nous vivons
dans un salon double.

La télé engueule
les parties des joueurs
sans jack-strap.

Les Canadiens de Montréal lancent et décomptent.

Ils scorent malgré l'habitude de perdre et les colo-
nisés se lèvent pour applaudir le confort sportif qui
rassure le cerveau et la bière.

Je vous le demande :
la réalité ne serait-elle
qu'une vache
aux lourdes paupières
que l'on mènerait aux champs
de bataille
malgré elle
à chaque montée de lait
des joueuses adverses ?

Revenons chez nous : sur les routes, les autos tam-
ponneuses crient au meurtre, la plume dans le cul
des tuyaux d'échappement, prisonnières qu'elles
sont du cônes rouge des éternels travaux.

Sur les trottoirs
achalandés d'achalants
mais envahis de surprises
quelques sexes étonnants
quelqus minous ouatés

surgissent des broussailles
pour faire la charité
de leurs matelas.

Rue Saint-Denis
les chauffeurs de texto
ne conduisent plus
que d'une seule main
qui tremble dans le manche
de leur bras de vitesse.

Quand on pense
que nos autoroutes
portent des bretelles
ceinturant la ville
quand les autos
semblent rouler
en corbillards.

Pourquoi les gens
qui se cherchent
se retrouvent-ils tous
au même endroit bouchonné
par le champagne
de bons vivants
changés en statues de sel
d'autos momifiées ?

En réalité
les miracles n'existent plus
ou si peu quelques fois.

Voyez le bon pape
fermer la porte
de ses églises chauffées
avec une indifférence
bourrée d'humanisme.
Regardez-le fermer la porte
des églises vides.

**Observez ses vicaires et ses évêques hiérarchisés
tacher leurs soutanes avec le précieux sang du sper-
me des jardins de l'enfance.**

Plusieurs brebis
leur faisaient confiance
avec la foi malmenée
du charbonnier
conduit à l'abattoir.

La foi de ceux qui croient
au lever des rideaux
sur le réel espoir des hommes
ne court pas les bénitiers.

Au port de Montréal
sur le fleuve géant
des débris promènent leurs parfums
toujours harcelés
d'étranges sous-marins
excrémentiels.

La nuit avalera
la silhouette des paquebots
corps et âmes
sous la fraîcheur de l'eau.

Dans la vie
la gloriole des uns
s'arrête là
où l'incognito des autres
commence.

Tapons-nous un bon joint :
le cigare de l'ivresse
demeurera l'encens
des vrais Jésus
que nous sommes.

Merci de partager la réalité du hash
offert à pleins champs.

Le fruit défendu
adoucit les mœurs barbares
qui nous sortent par les trous de nez.

**À quoi bon s'entêter à mettre notre cerveau dans le
sable des autruches quand le paysage nous brûle
les yeux rien que d'exister ?**

Les arbres pourtant
ne sont-ils pas des portefeuilles ?

Camarades réalistes
essayons d'avoir
au moins
l'intelligence du ventre !

LA ROUQUINE

La rouquine avait le regard vif
et elle se promenait nue
dans une chambre étonnée
pareille à une fontaine
revenue sur terre.

Elle fustigeait ma chair
et se vengeait d'aimer
en boudant les aurores
charnues
où je m'enfouissais.

Elle fêtait l'insouciance des ardeurs, parcourant les trottoirs et ne payait jamais de mine, car elle ne jouait du crayon que pour mieux effacer l'amour.

La passion lui léchait le ventre du dedans et des lions farouches dévoraient son corps chrétien.

C'était sans répit
que son minou lunaire
ne faisait plus de quartier.

Jupon soulevé
par les rythmes du stupre
la rouquine ne le rabaissait
que pour taquiner
nos éveils.

Au matin
sa peau luisait comme un sucre
que l'on glisse dans une tasse
où le café s'ennuie.

Les cigognes l'ayant désertée
ne restait plus que les loups
qui approchaient
en remuant de la queue
et en riant des dents.

Les suicidaires exultent devant les fusils, derrière les chars d'assaut qui croient au Père Noël, tandis qu'en face, les martyrs ne veulent plus ni mourir ni tuer.

L'amour persistait
s'incrustait
et l'amour gagnerait.

Les rouquines
sont femmes de couleur
qui chantent sans tendresse
à l'oreille des fantasmes.

Les vieilles murailles
me confrontent
et je ne respire plus
qu'au sous-sol de la vie.

Les poètes ont quitté
les pages de la ville
car les nuages roux
ne les caressent plus.

C'était une rouquine
promenant sa nudité
comme on promène son chien.

LA VIE

Que vous le vouliez ou non
la vie s'en lave les mains
depuis que la mort existe
ce n'est plus son affaire.

L'existence n'est qu'une question de propreté, histoire de bien laver son corps du pesant autrefois, car tout se rendra à l'évidence.

Les arbres n'hébergent plus
que des semblants d'oiseaux
plumes en guenilles.

Les gazons jaunis
découragent l'écureuil
de faire ses grimaces
la queue en point d'interrogation.

Tandis que l'amant compte sur ses doigts
ce qu'il lui reste de mois
en l'ignorant toujours,
l'amante le trompe
avec les yeux du coeur.

Que vous le vouliez ou pas
la vie s'en lave les mains
puisque la mort existe.

Lorsque l'amoureuse se penche sur l'ombre d'un doute, elle ne sait pas que la porte cachée ouvrira sur le feu.

Elle aime d'amour le cœur de toutes choses et n'invoquera le malheur que si le bonheur s'emballe ou s'il s'incruste, vieux rocher barbouillé de terre.

Que vous le souhaitiez ou pas
la vie s'en lave les mains
cela ne la concerne pas
ou si peu
que la mort existe chez les autres.

Après tout
n'est-elle pas qu'une tendresse malhabile
consommée de cadeaux
et de traîtrises ?
Elle serait dangereuse à fréquenter longtemps
à moins que la tendresse consente.

Le menu téton de l'aimée dansera son menuet à l'insu de Mozart dans nos paumes symphoniques.

Plus bas, son train arrière fertile en rebondissements s'assoira sur votre laurier fleuri.

La bouche de l'amante
perle écarlate
roulera de vos lèvres jusqu'aux siennes
sans retenue après la classe.

Les branches
dit-on
seraient le corset des arbres.

La rumeur veut que la sève
barbouille les mains
qui caressent
infidèles
l'écorce des érables.

Que nous en voulions ou pas
vie et mort nous attendent
et avec grande générosité
elles nous donneront tout
et son contraire.

Ainsi va le cowboy
bien en selle
que le cheval sauvage
brisera.

L'ATTENTAT

Les attentats perpétrés contre le ciel par l'orage ou la tornade d'été annonçaient la violence qu'ils imposeront aux feuilles d'hiver, dépouilles gisant au rouge des trottoirs perdus.

Les attentats se permettent l'effronterie d'une explosion de confettis glacés, sauterelles hivernales qui se sont reproduites et qui nous ont violé les trous du nez en nous fouettant le pas de course.

Quoi dire de plus ?

Évidemment
les médias
vendeurs de paperasse
en ont pieusement ergoté.

On criait à la cour des miracles
et à l'extrémisme
d'un même souffle étouffé.

Le jour ayant perdu
nous devions maintenant
de gré ou de force
revêtir armures et foulards
ne serait-ce que pour aller quérir
une pinte de lait

deux livres de porc frais
ou un poisson dépêché.

Fenêtres calfeutrées
l'amour tant décrié en Orient
se voyait piégé
mensonge sur la défensive
contre toute beauté
poésie
ou musiques
de toutes les voluptés.

L'amour devrait ouvrir ses jambes
aux avions de chasse
qui bombaient le torse
pour que Dieu soit content.

Allah guerre comme à la guerre !

Une fois n'est pas coutume à dire, mais en ces jours vengeurs, les mécréants avaient l'arme à l'œil et osaient profiter des forces de la nature.

LE CIRQUE

Ô amour, tes baisers
respirent l'odeur
d'un printemps dégouttant
à peine sorti du bain !

À vol d'oiseau
ta bouche cherche
la petite bête
qui fera le gros dos
avant de bondir
au poil des effronteries.

Les Parcs d'attractions
terrestres
recevront leurs touristes
arrivant au pas militaire
machos
secoués de médailles
en argenterie d'or
contrefait.

**Ô amour, mes baisers auront saisons de tout et
brandiront à bout de bras coupé en lamelles, le dra-
peau à temps perdu de mes poches vides !**

Ton cri de chat perché
miaulera à pas de souris

dans la trompette
des lunatiques.

L'ennemi est déjà dans nos terres
à frétiller avec les asticots.

**Ton sourire toujours vert, toujours d'équerre, tou-
jours en guerre, ô, ma fin du monde! saura briser la
glace de mes inconvenances dans nos verres taillés
en couteau de vodka.**

**Ô, ma toute princesse, l'homme aguicheur de bêtes
puantes et masturbé d'infini qui nous tient lieu d'hu-
main, l'homme réducteur de têtes aux pantalons
gonflés de certitude fera, du saut à la trampoline,
son sport national !**

Il s'exécutera à la corde raide
et fera le sot en hauteur
pour attraper les parachutes
et pour offrir un café
aux matins ordinaires.

LE DÉPART DU BONHOMME DE NEIGE

On ne le dira pas trop fort, mais il a perdu son âme, le bonhomme dans ma cour déneigée, qui s'en va fermement avec son mal d'amour, bonhomme déguisé en homme, comme une grippe d'homme au teint blafard d'extra-terrestre atterri trop souvent.

On ne le dira jamais assez
mais il y a des journées
pour veiller et vieillir
devant la chaleur humaine
qui nous tourne le dos.

Le bonhomme de neige, comme blanchi à la chaux, ressemble à un vieillard resté méfiant de vivre, dont on voit le soupçon qui lui respire encore sous la carotte du nez.

On l'a tellement roulé
dans la farine
pour le remettre au monde
sur les chemins d'effrois
qu'il est rond comme une fesse
au fessier pourfendu
de ricanements subtils.

Ne croyant plus à rien
qu'à un second trépas
il nous fit tout de suite sa prière
avant de partir
car le printemps
ressemblant à l'automne
reverdirait sous les petites fleurs
et il retrouverait l'apparence
des sourires défendus.

On ne le dira pas trop fort, mais il est devenu comme un cadeau dont on aurait bouclé la boucle sur une boîte sans surprise, pour l'étonnement des autres qui voulaient le garder pour jouer aux enfants.

Vivre est une jouissance
c'est l'orgasme
du piano à quatre mains
qui nous chatouille
avec la frénésie des évadés.

J'en ai douleur de vivre
quand je pense au bonhomme
pris sur le vif
des glaces
quand son décor tempête
à lui poudrer les joues.

La joie de vivre me reviendra quand je la surprendrai déguisée en pissenlit, couchée sur le gazon à

surveiller les filles libérées de vêtements qui s'en reviendront du parc, ouvertes aux sourires pour plaisirs défendus.

Toi qui fais semblant d'exister
très haut
permets que la mort
change d'avis et se range pour de bon
dans le haut des armoires
parmi les assiettes vides.

Telle que nous l'entendons
dans les chansons
la vie reste à l'abri
des bonhommes qui vont fondre.

Nous resterons debout
en arrière du squelette
surtout quand nous rirons
à gorge bien employée
pour une victoire sans but
ni couture.

LE SAHARA

Mon cœur est un muscle atrophié
se tenant à bonne distance
des salles d'entraînement.

**Quand je me promène le soir, d'un parc à l'autre,
je ne m'en porte que mieux, allégé que je suis par
l'instant de verdure qui peuple mon air d'aller.**

**La verdure n'est pas donnée à tout le monde, on l'a
parquée dans des réserves.**

Notre chemin ne commence nulle part
pour aboutir nulle part
comme une plaie mal guérie.

**Quand je me promène le soir dans ma barouette
aux roues carrées, d'une rue à l'autre selon la len-
teur du moment, je suis bibitte vivante des grands
jours, craignant se faire écraser et qui rampe dans
l'air du temps, surveillant ses arrières, abandonnée
aux grains du sable qui attend son l'heure.**

Mon cœur est un muscle éternel
qui se bat contre lui-même
devant laideur et beauté
qui le démontre du doigt.

Quand la verdure
n'est pas gratuite
et qu'elle ne s'offre pas
au premier venu
quoi faire à part regarder dehors
l'espace cimenté des Saharas ?

Derrière nous, les tigres aériens disparaissent après la nausée de la nuit au criant rappel des jours sans appétits.

Et mes pieds de céleri, jadis tellement patients, ne supportent plus aucuns jardiniers qui marcheraient au pas.

Mes épaules
large comme une croix
sont pourtant toujours
en plumes de rossignol
dans les vapeurs du rêve
où les moutons s'endorment
quand on ne peut plus vraiment
compter sur eux.

Les jours deviennent assommants quand on traîne pantoufles au salon des révolutions, d'une oasis l'autre, comme des lumières éteintes qui se voudraient brillantes.

Qui osera se mettre à nu devant nos regards de viveurs pensifs, accoudés que nous serons au portique des maisons chagrinées ?

LE SEUL SOLEIL

Le seul soleil dans la cité qui vaille la peine d'être cité, serait celui qui surgit durant la nuit pour voler dans nos armoires de rêves molletonnés, tout en buvant au suc de notre piquette.

Qui voudrait l'en féliciter ?

La vie n'attend pas
elle est comme le métro
arrivant au quai des multitudes
où les passagers
dûment tablettés
attachés dos à dos
aux élastiques de l'écœurement
consultent leur téléphone cellulaire
en cellule de prisonniers
pour trouver la sortie d'évitement
qui fera scintiller
leur toute petite monnaie.

Il en fallut de peu que le cœur qui s'ébat ne bascule et se brise derrière les oubliés qui glissent sur une pente raide.

On eut beau cogner, personne ne répondit absent.

L'office de la survivance française avait fermé ses portes devant le vide considérable qui faisait la queue entre ses jambes comme une manifestation en sortie d'enterrement.

N'arrivez pas tous en même temps
au salon !
Faut préparer la boisson.
À chacun son retour en ville
pour le long séjour des animaux.

En certains soirs de soleil dansant dans le prisme étonné des yeux, nos enfants viennent pour s'offrir en présents d'une présence rare avec leur enfance sous le bras en petit paquet, déjà vaincue.

Heureux, on ne voit même plus la guerre du monde qui s'égare sur tous nos écrans rouges.

Dans la rue, les terroristes perdus se retrouvent ter-rorisés devant le ciel, derrière l'enfer d'un trou noir, surtout quand la météo de chez nous reste au beau fixe autant que nos miroirs déclassés.

Les cartouches de la terreur
sont trempées dans le sang
et les larmes piétinées
retenues contre elles
par l'innocence sacrifiée
culpabilisée de force

affronteront leurs prières
car il n'y aura pire juge
que l'innocence condamnée.

Le seul soleil dans la cité déjà citée serait celui qui vient la nuit.

LE SEXE

Sexe sur les épaules
l'homme porte une tête
de gland.
Le sexe de l'homme
dans sa culotte
cervicale
me semble imbécile
et tout nu.

Le sexe
se retrouve souvent
tiroir ouvert
sur le coffre à jouets.

Le sexe
est une fleur de peau
se découvrant en feu
à deux pas de la haine.

Le sexe dans l'esprit
de toutes les amours
gagnera d'une tête
à la course
des idées défendues.

Et il triomphera, au sens propre, de toute la saleté impossible tant que la vie saura faire obstruction à la fin dernière, car ce serait la mort dans l'âme que la tristesse apprendrait l'amour.

LES GENS DU PAYS

Ce fut en boitillant
tant de cœur que de flamme
que l'espoir du patriote se balança
pieds et poings liés
dans la fabrique de l'Histoire.

Poing d'interrogation dressé sur nos têtes à Papineau, le patriote n'en pensait pas moins au fusil accroché au-dessus du foyer, « Home sweet home », le nôtre à nous! répétait-il, pour que l'on puisse encore lever tempête, deux têtes de mort contre dix, se battant dans les forêts et les plaines canadiennes-françaises.

Pour l'avancement
de notre beau Canada
les vaincus le furent
parce qu'ils étaient seuls
au monde des trahisons.

Comme à l'habitude
ceux que l'on attendait
ne seront jamais venus.

À Saint-Eustache, les « *pea-soup* » et les « *frogs* » mangeaient avec leurs doigts, depuis que les

ustensiles avaient fondu dans le poêlon pour mieux
nourrir les balles.

**Deux contre dix, ils se levèrent quand même pour
vomir la couronne qui leur était restée au travers de
la gorge comme un faux serment.**

L'habitant
voulant retrouver sa promise
suivait le chemin des carabines
pipe au bec
et colère aux lèvres.

Les blasphèmes
devenaient des prières
et le temps s'était couvert
les yeux.

Tout présageait octobre 70
et l'arrivée des Trudeau
où, devenue séditieuse
la poésie n'en pouvait plus
d'alerter les aigles
et les roses épineuses.

**Riel aussi, de son bord canadien, luttant contre le
nivellement des vainqueurs, faisait des sauvageries,
mais resta droit debout, comme muet, dans sa mort
et dans le crachat.**

Les Anglais
avaient la pendaison facile
par cœur
et sur le bout des doigts.

Rien de tel pour vaincre
et pour convaincre.

Les patriotes, mariés à la France depuis cent-cinquante ans, souffraient d'une peine d'amour quasiment suicidaire, car les conquérants avaient pris nos granges et nos récoltes, ne nous laissant que des vicaires pour mieux protéger les fesses du vainqueur.

En tout état de cause
l'érable coulait déjà
en sirop de nananne
dans leurs chaudières
au bénéfice de leurs cabanes
au Canada
la jadis terre de nos vieux.

Ce furent les Indiens
qui enseignèrent d'abord
à l'habitant
ce que devrait être
le patriotisme.

Quand les pieds nous gèlent
pire qu'aucune eau-de-vie
ou que la chaleur
nous décompose en compost
on a le pays dans le sang
ne reste plus qu'à le verser
enivrés de courage.

Patriotes vaincus, une autre défaite plus tard, les patrons embauchèrent leurs singes bilingues pour des pinottes.

Aujourd'hui, le patriote ne sait plus vraiment quel combat mener pour lui-même, contre qui ni pour qui.

Le drapeau s'effiloche et n'est plus porté qu'à la devanture de la SAQ.

Soudainement
les arbres furent surpris
de pousser à l'envers
les racines à tous vents.

Le puissant Anglais
avait le dollar couvert de sang
ce qui nous éloignait d'autant
du joli monde
des affaires des autres.

Peut-être qu'un jour, grâce à l'immigration, le feu jaillira de ses cendres pour mieux venir brasser les cartes des as de pique devenus « carrés rouges ».

La paix des braves
comme disaient les patriotes
d'avant les nôtres
est un ciment armé
que l'on devrait d'autant plus craindre
qu'il reste toujours en mémoire
sur nos plaques d'automobiles.

L'EXPLOSION

Elle s'en allait
vide de son amour
jusqu'au lendemain
des bouts de nuits
mal emmanchés.

Elle s'en allait, peuplée d'animaux ronronnants comme sur un rayon de joie, un nuage de lait sur un café bouillant, un coup de chaleur, un coup de nuage anatomique en retombées de solitude sous le tsunami du cœur, juste derrière le désir.

Elle s'en allait
heureuse
d'avoir fait bombance à la bombe
et de s'être éclatée comme un rien
en son tout
et en mille poèmes
plus ou moins boiteux.

On dit qu'elle quitta, le temps d'un respire, les bras d'un amoureux qui n'en demandera pas plus.

Elle vivait au bras de cet amant au bec pointu de crayon ouaté et qui suivait, rebelle écorché de retenue, la trace des grottes anciennes en mémoire de rien.

Ce furent des jours
d'accents aigus
saisis à la gorge
comme un couteau
sous l'écorce.

L'ORGIE DE ZORRO

Mais qui n'a pas déjà
répudié les jours passés
javellisés
vasectomisés
vaselinés ?

Qui n'a pas jeté à la poubelle des histoires les grands spectacles psyché-déliriques, nourritures en apothéose, en cinémascope commercialisé, en pèlerinage de cosmétiques mafieux tellement orgiaque, après s'être accaparé le ciel sans téter ses curés, sans manger ses vicaires ?

Qui n'aurait osé
jeter ses perles aux pourceaux
en les croyant opaques
pourceaux faux-fuyants
faux frères
ou faux-cols ?

Encore une fois
en toute naïveté
je vous laisse répondre
car il faut appeler les choses
par leur nom
si on veut les voir arriver.

Quand on était ados, portés à gauche comme à droite sur le beau sexe, souvent le sien propre, mais que la religion trouvait sale, j'étais Zorro à l'altière épée et à la paume glissante.

Mais les années ont démasqué mon masque, le jour où le chômage, ce crève la faim du travail au noir, m'a plutôt déguisé en zéro très reconnaissable devant le bail-bail du loyer et l'épouse éjectable avec enfants déguisés en courants d'air éternués.

Combien de fois
n'aurais-je utilisé
ne serait-ce que consciemment
le fouet barbare
du chevalier des sans-peurs
cette dernière lettre de l'alphabet
signifiant liberté
pour faire croire que l'on pouvait
tasser le système
des obèses bordels fiscaux
péteux de bretelles
et pelleteux de mensonges
paradis qui nous sucent sans gloire
et qui nous repompent le géribouère
jusqu'au dernier bâton de dynamite
de nos ceintures fléchées
qu'on leur planterait bien
dans la mauvaise haleine de leur gueule
aux dents couronnées d'or ?

Heureusement qu'il existe
pour parler poète
l'aube de tout
qui avance lentement
pour mettre le feu
en frappant les parties vitales
dans le nœud malpropre
de l'incohérence même
d'un selfish
bandé sur selfie.

Tout comme Zorro, on a bien le droit de rêver que notre justice sera impitoyable et que nos coups de fouet ne feront plus jouir les riches escamoteurs de vie qui défèquent sur nos amours...

MA CABANE AU CANADA

Tout juste sorti
de sa cabane à chien,
il retrousse sa casquette
pour regarder passer
la caravane.

**Il aboie en se branlant la queue, mais n'en voit pas
moins toutes les additions qui se multiplient chez les
riches, tous ces calculs bilieux qui nous narguent et
nous font vomir, sans qu'ils soient consternés par
nos petits portefeuilles ou par les sacoches de nos
compagnes, remplies des spéciaux du jour.**

Les milliards
roulent carrosses
sur nos griffes
aplaties d'habitude.

On nous approche le plat
et puis on tend la langue
comme des lézards
alors que la fontaine
se la coule douce
sans partage
devant le regard étonné
du pauvre qui en arrache
dans la mauvaise herbe
jusqu'aux genoux.

Sorti en jappant de sa cabane à chien, il y retournera aussi vite, incommodé par la chaîne le retenant à la gorge, pour se coucher au chaud de ses poils de serviteur humilié, en renâclant contre le maître.

La caravane passe
menaçante
à la vitesse de mille chevaux
qui s'évaporeront
au pays des autres.

MANGEONS

Que l'on marche chaque jour de sa vie
pour la santé
ou que l'on courre à mort
pour maigrir un peu
la bouffe t'attendra
vautour branché
qui se pourlèche le bec
comme un amoureux en manque
de son steak avec frites.

Quand l'amoureuse a bien jolie fourchette
que demander de plus ?

La diète tenant lieu de repas
le ventre n'arrondit plus
les fins du mois.

Les poètes mangent avec leurs doigts
tout en comptant
leur nombre de pieds
ce qui n'est pas très propre

**Que pensez-vous de nos tables dégarnies autant
que les crânes du cimetière offerts à ceux qui ont
creusé leur fosse avec leurs dents de laids après
avoir fumé tous les clous du cercueil ?**

Quand la table est bien mise
elle devient comme l'épouse satisfaite
après un dessert partagé.

N'empêche qu'il sera toujours préférable
de croquer dans un juteux McDo
plutôt que de manger du curé
car lorsque l'appétit
devient plus grand que la dépense
on est prié
de crever de faim.

MARIE-POÈME

Il parait que Marie
lèvres de pinson
et cantiques ventriloques
donnait son corps
aux vers luisants
qui grouillaient
au zipper de nos yeux.

Marie-Poème ne se vêtait
que d'un foulard de nylon
qu'elle enlevait
et que nous portions fièrement
autour du cou
au temps froid des solitudes
foulard
où nous voulions nous pendre
par le cou de l'âme.

Qui ne connait de ces pays
où la perle
est interdite à l'huitre ?

Le joli rire des femmes
ouvre des horizons
insoupçonnés
et leur cœur en dentelle
chante rouge

aux reflets du satin
par où le sang chemine
d'une lèvre à l'autre.

**Pour connaitre la vie suffirait de mourir dans l'alcô-
ve d'un poêle à bois où l'odeur de la bûche pousse
le cri du ventre ou le chant d'une fleur enceinte de
son bouquet.**

Pourquoi ne pas vagabonder
à l'encontre des ombrages
pour retrouver l'enfance
à l'endroit des jouets
qui nous bousculaient tant ?

Sachons tuer
au hachoir des rêves
qui nous connaissent trop
nos matins de papier-buvard
avant que le vieil hiver
aux cheveux chauves
ne vienne bêtement
les mettre sur la glace
sous nos tuques
tricotées desserrées
jusqu'au jour des oubliettes.

**Marie-Poème ne connaissait plus que le langage
fou, la joyeuse parlure des oiseaux qui ne meurent
jamais nulle part ni devant personne.**

Ils nous sont des anges comme l'alouette, comme les heures qui s'envolent ou l'amour qui nous fuit.

Les perroquets libérés de leurs cages ne parlent plus que du bout des ailes, assagis quand janvier leur cloue le bec au marteau d'une gifle dans le frimas des frigidaires.

ODE AU MACHISME

Macho man
gomme à mâcher
comme au hockey.

Macho man
les gros bras
allures d'homme
tête d'abruti.

Il garde son cœur
bien caché
dans son porte-monnaie
et sous ses pieds.

Macho man
bicycle à gaz
désespéré
pour effrayer.

Il méprise l'essentiel de la femme, la beauté du vivant qu'il garde blottie dans sa poche arrière pour mieux s'assoir dessus.

C'est un bouledogue, un bulldozer, un business man, un bâtisseur en démolition.

Il est champion
des morts-vivants
dans le cauchemar
de ses pensées.

Arrogant
cravaté ou pas
macho man
tire la langue
aux plus petits
aux plus pauvres
aux moins que lui.

**La poésie lui pue au nez comme tout ce qui fait
rêver les rêves et la laideur le fait bander pres-
qu'autant que la mort.**

Macho man
gomme à mâcher
comme au hockey.

Macho ne se possède plus
à l'idée de s'accaparer
femmes
amis
autos
chalets
ou autres objets
de surconsommation.

C'est une terreur
à grande gueule
un lâche
à la générosité
remplie d'appétit
pour ses poches.

Parfois
face à sa vraie mort
à lui
le macho pleure
toutes les larmes
des apparences.

ON A RAPIÉCÉ

On a rapiécé
nos sept années de malheur.

Les pissenlits se réjouissent
de jouir
la tête en bas
mais les arrosoirs
eux-autres
regardent la misère
éponger le Blues
des causes
inespérées.

Ils épongent le plaisir
des ventres
embroussaillés ensemble
confondus
de paupières écloses
sur regards entendus.

La douleur se retrouve à son corps défendant.

On ne doit pas compter sur le diable qui fait le sourd.

**Ce bon diable chante la pomme aux sacs de vidan-
ge dans nos petites vies et il n'entend pas faire**

semblant d'exister autant que le fait son jumeau Dieu.

Satan, lui, est vraiment partout et jusque dans le troufignon de nos bonnes pensées.

Pour ne pas donner le change, le diable se trémousse comme un petit fou aux fonds de nos poches des autres.

Méfions-nous des oiseaux
qui jaspinent
perchés
sur l'échafaudage
de leurs cantiques.

Si la femme porte talons hauts
c'est qu'elle fréquente des nuages
qu'elle fourre sous sa robe
aux rondeurs
qu'elle valse
pour retenir l'amour.

Faut dire qu'il en a fallu de peu
que certaines dames
furtivement légères
tentent la tentation
de poursuivre l'extase
dans nos métros nourris
d'aspirations.

Passons la main du flambeau
aux générations futures
qui ne demandent rien
mais qui l'auront d'aplomb.

On a rapiécé les éclats de vitres du bonheur des autres et on a posé des cervelles de rechange aux têtes malheureuses des averses à boire afin que l'ivresse habite leurs hantises.

ON EN CONNAÎT

Il y en a qui sont tristes
ou qui se croient tristes.

Il y en a qui sont heureux
ou qui se croient heureux.

Il y en a qui sont malades
ou qui se croient malades.

Il y en a qui sont en amour
ou se croient en amour.

**Et il y en a beaucoup à se croire sur la terre alors
qu'ils sont au ciel, surtout les jours d'été.**

PAROLES DE PAPILLON

Il y a quand même une maudite limite
quand on est papillon
et que nos ailes transparentes
ont la couleur du feu sous la braise
de ne pas pouvoir
faute de visage
l'espace d'une seconde
sourire à la chorégraphie
des hirondelles !

Elles nous illuminent de leurs sparages
et ne demandent qu'à fraterniser
ne serait-ce que pour se mettre
une bouchée de pain
sous la dent creuse.

**Quand j'étais chenille, profitant de mes nuits blan-
ches en kimono gris, je m'attachais vite, car j'étais
sans défense et la pluie abusait de mon corps dé-
fendant, car elle me voyait déjà lavé proprement,
attaché de partout en cocon magané.**

Maintenant que j'ai mes grands espaces
à moi tout seul
je me crois libellule
et je me promène
troubadour par hasard

dans les gouttes perdues
de la fontaine étincelante
du parc Jarry.

Comme vous le constatez de vive voix, je suis devenu papillon, ne sachant pas où donner de la tête, me baladant un peu comme ça, au gré des autoroutes, affichant mes couleurs et me fichant de tout.

La vie est l'été d'un seul jour
et ma saison ressemble
au miel de vos amours.

En attendant, je gambade comme un petit fou.

Tant que les jolies filles rondement vulvées sous leurs décorations extérieures admireront ma course, je leur ferai mon sourire passe-partout, inventeur de magie, inspirateur en divertissements qui semblent défendus aux ailes délicates cachées sous leur nombril.

Derrière mes antennes
comme des moustaches de chat
la beauté d'un seul bond
me saute aux yeux
surprise d'un faux-fuyant plus que vrai
qui déguerpirait derrière les arbres
pour rester infidèle au bonheur.

Il y a des fois où, appuyé sur la brise, je suis devenu effronté pour surprendre la femme, mieux qu'une fleur des jambes jusqu'au nombril, avec sa gueule d'archange aux rires par en-dessous, avec sa poitrine aux deux accents aigus qui ne laisse qu'à désirer.

Les papillons ne vivent qu'une vie
et il y a une maudite limite
quand on a des ailes diaphanes
le cœur et les joues rouges
de ne pas pouvoir
conserver l'amour
un peu plus longtemps
ne serait-ce que pour faire le poids
de la peine.

Nos ailes ne survivront que dans le sillage de la beauté, grâce au plaisir aveugle de la goutte d'eau fuyant sur la vitre de vos fenêtres, goutte égarée par les feuilles rejetées de l'arbre.

Et si cela n'était pas, nous n'aurions plus qu'une seule parole pour marcher jusqu'au ciel mortel d'aujourd'hui ?

PAYS SAGE

Les cheveux blonds d'illusions, elle possédait des hanches d'aigle déplumé dont je gardais la clé et dont j'étais le seul à retenir sa fuite.

Laissons passer les amoureux
surtout durant les jours de chasse et pêche
quand les souffles de novembre
se renversent sous les robes
en soulevant les jupes contre nous
pour une passion déraisonnable
et communément mortelle
dans les parcs montréalais
surpeuplés de brouillard
qu'appesantit
la fin d'un jour creux qui déborde
jusqu'à se remplir.

Aux sentiers des parcs boueux, les branches nous parlent à double-sens pour montrer leur chemin, sachons l'endroit où ne pas mettre les souvenirs que nous devrons perdre.

PITPIT

Pas bêtes
les moineaux s'envolent
au moindre prétexte
d'une signature
sous leurs mots à eux
car ils en ont
des tonnes
à gaspiller
en ville.

Ils disparaissent entre mille points d'exclamations.

Ils partent en peur
au moindre mouvement
de phrase inachevée
comme une caresse brève.

Le poème voyage en première classe en moteur de colibri.

Les pitpits sont des âmes
à peines vibrantes
presque invisibles
qu'on regarde par oreille
dès qu'on les écoute
chanter par chœur.

Les moineaux ne sont pas bêtes, à chaque hiver que le diable ramène ils restent coudes à coudes dans la tiédeur de leurs chandails gris de mendiants pitpits.

Au demeurant
aucun moineaux ne meurent
nous les voyons se promener
aux carrefours du ciel
où ils restent éternels.

Qui oserait fermer le livre, clore le chapitre de leurs nids de lecture ?

POUR CEUX QUI N'ÉCRIVENT POUR PERSONNE

N'écrire que pour les petites bêtes
les pauvres
les solitaires et les désespérés
le faire
pour les proches
des familles élargies
d'une mère à l'autre
jusqu'à ne plus être qu'un peuple
ou le faire pour une lune
castrée au chloroforme
qui ne nous verrait plus.

N'écrire que pour ceux qui cherchent
et qui farfouillent au hasard
des pénibles présences.

N'écrire que pour les petites bêtes
les insectes
les roches
les fourmis ou les chats qui paradent
avec leur fanfare d'appoint
sans musique d'ascenseur

N'écrire que pour ceux
qui suivront leurs pas.

Ne le faire que pour ceux
qui nous liront
sans l'arrière pensée
de tout comprendre.

**Écrire pour les murs qui ont des oreilles en gyproc
ou pour les gens qui aiment sans même apercevoir
la silhouette de l'amour partir et disparaître, invisible
déjà.**

**Griffonner sans même remarquer le départ d'une
compagne dans l'autobus du réel et sans se voir
mourir sur la pointe des pieds à chaque page blanche.**

Écrire
à la rencontre de ceux
qui ont le cœur aussi gros
que le coup de masse d'un fermier
sur son piquet de clôture.

POUR NE PLUS MOURIR

Devant toi qui se plaignait du surnombre des nombres, toi dont le point du jour marquait toutes les phrases, n'aurai-je donc jamais de cesse de renaître de mes cendriers ?

Certains de tes amis
sont des œufs dur à cuire
mais bouillants d'impatience
près des courses de ton cœur.
En ce matin de mars
mon unique
ma dernière tempête
s'étire en bâillant
dans les bras d'une lune
à visage humain.

Amour, je me déchire comme un bouleau échevelé et les fauves écrivent quand je deviens brouillon.

L'amour ne fait pas de bruit
il s'ennuie du silence
quand il marche doucement
arrêtant les fanfares.
Les militaires arrivent
avec des fleurs voraces
au bout de leur fusil.

Pour moi, ton corps n'est plus.
Bien que respirant encore
il n'est plus qu'un pétale dénudé de sa fleur.
Les jours tournent leur calendrier
à l'envers des naissances
et je sais des réveils
somptueux de corneilles.

Je te garde
sous la paupière.
Le poème menteur
est la nature des choses
quand il serre la main
mais il devient poignard
au coin de la ruelle
avec sa langue dure
plantée au creux de tout.
Ma passion, rejoins-moi
pour éteindre
l'animal
de cette éternité.

**Quand je ferme le poing au ciel, mon sang s'étale
et sèche.**

POUSSIÈRES

Caché derrière
ma poussière
nullement étoilée
je regarde la semaine
prendre la poudre
d'escampette
sans demander
mes restes

**Je cherche un truc pour arrêter la magie des lièvres
qui nous font le tour du chapeau.**

PREMIÈRE NEIGE

Rendu au moment
de la vieillesse
l'urgence disparaît
la lenteur revient au galop
l'importance de tout
devient celle de rien
et seul l'amour
fragile
instable
flocon de neige
nous ressemble
faisant mentir la mort
qui se cherche un trou
pour nous cacher.

La vieillesse, je le dis comme on me l'a dit, salue l'enfance et l'oubli qui viendra plus souvent Alzheimer les autres qui en mourront de peine et de misère d'être disparus avant nous.

Elle est celle qui arrive
comme une larme
de saxophone
ou la perle d'un violon
celle qui viendra
marier son regard sourd
aux cris de la rue

vieillesse qui s'amènera
pour nous cocufier
avec les roulements d'épaules
du tambour martial
copiant les danses
kalachnikovisées
où se découvre
l'effeuillement du froid
achevant l'été
qui avait osé revivre.

PRENEZ UN TRANSFERT

À l'arrêt d'autobus
je rêve à tes rêves.

J'aime bien endormir sous ton nez la source rocailleuse et percer le secret à jamais consulté des pierres précieuses interdites aux coffres-forts.

L'orchidée s'est cachée
derrière son pot de fleurs
et la mer dit vagues.

En un pays prochain
l'hiver desperado
au blanc revolver
restera à genoux
criblé de sabres et de bourrasques
pluvieuses.

La frayeur
du tremble qui danse
au carré des peurs
prend appui
sur celle de mon cœur
caché
derrière tes mains.

D'ici cent ans
nos amours auront disparus
digérées au gré du courant d'air
des portes enfoncées.

Comment donc kidnapper
à la pointe du crayon
la nuit trop claire
des boulevards poursuivis
en injustice ?

Comment entendre
au terminus des autobus
l'hymne sacré qui rugit
dans les mâchoires
qui claquent des dents
sous les applaudissements
du dentiste ?

Je vous le demande
qui, à ma place
n'aurait pas violé
un fruit admirable
bien mangé ?

Après tout
le crépuscule n'est-il pas une déesse
qui écarte les cuisses ?

Dieu est un animal
que l'on serre
entre les genoux
pour nos récréations.

L'amour demeure un chien aimé
à qui l'on donne la patte.

À cause de la religion, le bedeau de l'église de Saint-Gibouère se faisait sonner les cloches à chaque fois qu'il oubliait d'acheter l'ivresse des grandes messes.

Il ne faut pas trop espérer du diable
son élan parfois nous écrabouille
en bas de la ceinture
faisant des dégâts
comme un gros singe
chez les arbres
qui marchent en béquilles
militaires du droit canon.

En attendant l'autobus
je me souviens d'avoir joué au cow-boy
avec ma carabine
bien d'aplomb
sur l'épaule.

Parfois, de jeunes divas en culottes courtes, fuyant le cocon familial, jambes enlacées autour de ma

ceinture de balles, m'attrapaient au lasso pour me
tuer d'espoir.

Arrêt sur image.

Voici
l'heure des commandites
qui vient nous divertir.

Profitons du moment
pour dénoncer la publicité
qui nous banalise le mensonge
dans le bon sens du dollar.

Voyageurs de commerce
qui s'imposent au salon
et harcèlent nos chaumières
pour y marteler
les diktats de la consommation
à tous les prix
en nous crevant les tympans
de l'intelligence.

La publicité
goutte éternelle
du supplice chinois
qui nous cloue sur nos chaises
dans la mare asséchée
des piquets de clôture
quand nous sommes rivés

à nos tête de pipes
sans enregistreuse
pour la faire exploser.

La publicité
fil barbelé
qui attache nos désirs
au coffre-fort des autres.

L'attente nous fait broyer
tout le noir possible
de l'argent blanchi
hivernal.

S'il vient un jour à arriver, l'autobus du chaud business viendra brûler nos dernières chandelles, question d'éteindre nos lampes de poche.

Contrairement aux transports publics, l'amour deviendra carrosse adoré, où nos princesses épuiseront nos vies psalmodiées aux cantiques décantées.

À l'arrêt d'autobus
je dérive en tes rêves.

Tu demeures inaccessible
au gros budget des autres
et tu resteras gratuite
en échange de moi.

Pourquoi ne pas se taire, face au silence hurleur de l'amour, tsunami annonçant l'océan ?

Le vent du désir
pousse la guenille de nos voiliers
face à la tornade qui passe
en tirant le diable par la queue
à grands coups de fusil
sinon droit au cœur
entre les deux yeux.

Seuls les poètes seront surpris en flagrant délire d'éternité.

L'autobus des attentes
repart enfin avec son petit bagage
en remuant des hanches
travailleur
en plaisirs solidaires.

Je m'assois seul
près d'une fenêtre idiote
me demandant sans rire
combien on pourrait entrer
de corps de nos amantes
ou d'êtres aimés
dans le ventre plein
de la balayeuse
au jour du grand ménage.

Combien pourrait-on en mettre
en tassant et poussant un peu
tout en se doutant bien
que nonobstant nos grimaces
la poussière restera libre
de vaquer à ses préoccupations
de déguerpir
par toutes les fissures impossibles ?

Disparus, ils deviendraient puzzles en pièces trop attachées, les yeux criblés d'amour fleuve, la tête en mille pépites caracolant au gré du souvenir.

Aux arrêts d'autobus
nous rêvons debout
sur la bombe des réveille-matin.

Le chauffeur empressé appuie
sur la manette de l'incinérateur
et je m'évade par désenchantement
coin Beaubien et centième avenue
dans un nuage récréatif
parsemé d'étincelles.

Comme dirait l'autre, heureusement qu'on arrivait à la maison.

QUAND IL MOUILE UN PEU

Dans la vie, tu te retrouveras
en cherchant bien
devant plein de fantômes
remuant le drap de leurs bedons
sous un tonnerre applaudissant.

Quand la pluie est fine, elle comprend à demi-mots le besoin furieux des paysans sans terres, qui ne s'embarrassent pas de jeux de mots dans la grisaille qui les défrise d'une averse en quête de nudité.

Pluie émérite bien ravalée, bien respirée, bien sucée à la paille capricieuse, pour ne rien perdre de l'effet qui file sa boucane entre nos doigts, fourmi apeurée par nos années-lumière.

Dans la vie
durant nos amours
jusqu'à l'ultime journée
la fesse restera plus éloquente
que le meilleur des Bossuet.

Elle montera en chaire et en os pour réciter l'amour que nous savions par cœur.

Ne sommes-nous pas prisonniers de bonheurs sans billet de retour, bonheurs attachés à la cheville pour

ne pas les oublier, bonheurs cassables à ne pas trop brasser, bonheurs pour ne jamais s'enfuir ?

La pluie nous fait signe
que l'hiver attendra
et que notre misère
s'enroulera sur elle-même
pour se fumer haschich
comparée qu'elle serait
à l'acier des cartouches
qui vampirisent l'humain
d'un bout à l'autre
de nos châteaux de cartes.

La pluie ne sait que rien faire. C'est son plus grand talent que de se laisser tomber en amour avec l'asphalte, pour que nous admirions son jazz talonnant les chauds juillets à mille milles du zéro.

Pourtant
à l'horizon
il n'y a plus que ton amour
dans l'œil tornade
de tes cuisses
pour mener la tempête
et transgresser la haine.

Parfois, on dirait que nous manquons de mains pour accomplir la tâche de bâtir le futur de nos bateaux à voiles, qui ne remueront le petit doigt qu'à la langue du baiser.

Quand le ciel libère
ses ardeurs
et qu'il serre les griffes
au divan des salons
on croirait voir l'extase
assise à notre table
porte-monnaie rempli
d'honnêteté à petits sous
dans un yacht incroyable
débordant d'enveloppes grises
bourrées de nos étonnements.

Envions le pigeon des vieux parcs
poète à belle plume
qui s'éloigne en vitesse
de la fiente
que nous partagerions.

Dans l'espace de nos amours, il y a des souhaits d'appétits qui marchent au coude-à-coude pour se rendre au chevet des bouches en bois clouté.

Il existe des appétits méditant en chapelle ardente, les mauvais coups inespérés depuis l'ennui des temps, face à nos yeux fermés à doubles contours.

QUI VIENDRA ?

Qui viendra mordre cette main qui a nourri la sève des abeilles à l'ouvrage des fleurs, celle qui alla jusqu'à essuyer les larmes de la jouissance ?

Gardons l'œil
à voir et à écouter
la beauté qui se dépasse
au mouvement des branches
qui vivent en montagnes
au crochet des sapins.

Qui mordrait cette main
qui aura caressé
de tendresse nos enfants
jusqu'aux boulevards
d'oiseaux
jusqu'au butin des ruches
qui meubleront leurs vies ?

Qui viendra mordre la main
qui fermera le poing
devant l'empilage des sous
sur malheurs établis ?

Qui viendra mordre la joue rose des automnes qui résistent, abritant nos bras en manque de travail ?

Qui oubliera ceux qui s'agrippent
au bateau de sauvetage
qui coule à pieds secs ?

Craignons que la vie nous saisisse à la gorge et qu'elle nous étouffe pour un semblant de sourire oublié quelque part sans faire exprès.

REMUE-MÉNINGES

Si je vous disais
que la lune est remplie
de monde
comme un torchon mouillé
ou un baril de bière
roulant sur lui-même
et s'enfuyant d'une taverne
noyée d'orages
asséchés
ririez-vous de moi
gagne de nantis de rien ?
gagne de sans latin
pantoute
pour parler du bon Dieu
ou l'invoquer en vin
gagne d'escogriffes
velus
de ventripotents potentats
tripotés de messes
et de mille-feuilles paroissiaux !

Ne sommes-nous que le reflet d'une jouissance perdue en de mauvaises mains, une jouissance à quatre sous qu'il nous faudra remettre dans le tube après usage ?

Qui ne désire pas
le déménagement
vers un gazon plus vert
en THC
d'un voisin qui ne vous aurait pas choisi ?

La fête du Canada nous abandonne ses restants de table, venus avec un ensemble IKA oublié... Serait-ce pour nous refaire un pays que nous sommes seuls au monde des indépendances à refuser, par crainte des lendemains d'hier qui déchanteraient sans nos riches, tellement essentiels à leurs sourires.

Faudrait pas mettre tous ses œufs
dans le panier des autres !

Huit heures du matin, dehors le tango d'un feuillage instable tricote ses fioritures à la tête des arbres de la rue Berri, qui se le tiennent pour dit, longeant des trottoirs où s'éternisent et s'entremêlent les ombres qui gigotent dans leur dernier essoufflement.

Durant l'été
les femmes sont des allumettes
auxquelles on ne doit pas se frotter
car l'illumination deviendrait
fertile en paiements liquides.

Si je vous disais que la substantifique moelle de nos artères ne tient qu'à votre fil, que feriez-vous avec ce fil ?

Tous les déboires et ciboires
nous seront comptabilisés
rubis sur l'ongle
afin de mettre en relief
les statuesques érections
sans avenir.

L'histoire s'en est fait raconter plusieurs. Elle saura donc se justifier de l'abîme qui engloutira nos rêves aux seins de toutes les poitrines, qu'elles soient opulentes ou chancelantes.

Les manches de pelles
qui nous permettent de garder
le corps droit
et les oreilles mortes
ont les yeux rivés au tournevis
des bouches à nourrir.

Si l'animal est pétri de désirs, qu'en est-il de nos pantoufles envahies de stupre et d'insignifiances, qui mèneront à la débandade autant qu'à la désertion des champs de batailles qui chantent faux ?

Ne faudrait-il pas
mettre un stop

à tout ce qui grenouille et scribouille
au fond des culottes
mal gérées
de notre cerveau laid ?

Dans nos ruelles alcooliques
les matous les plus civilisés
les moins stérilisés
tentent des entrechats
et font le dos rond
aux chattes
qui se retroussent le dos.

Un chien jappe
ne nous obstinons pas
devant le pitbull
qui ne lâchera jamais
son morceau de cochon !

De nos gorges déployées, crachons des lamelles d'or et des résidus synthétiques au visage d'un Dieu qui n'en demandait pas tant, ni surtout pas moins de notre ingratitude savante.

Cela lui fit plaisir de nous mettre au monde des carnavals, que nous soyons sans identité ou spermatozoïde.

Pour les gros tas
le profit garde les dents longues

comme une semaine de travail
dans une cartonnerie.

Surveillons nos arrières
contre le pic sournois
de l' envahisseur
qui arrive en ville.

La vengeance sera douce
au cœur du sans-cœur
quand le drapeau
ne se battra plus
au vent des réfugiés
érodés et meurtris
par le mauvais temps
des hécatombes.

Sans risque
la rouille s'installe et s'enroule
sur elle-même
en chien de fusil
jusqu'à la levée
du cran d'arrêt.

Je vous l'avais bien dit
que la lune était pleine
comme un torchon.

**Les cumulus se sont ramassés sur la ligne de départ
en attendant le coup de feu de l' éclair et l'amour se**

trouvera bien chanceux de pouvoir s'en sortir vivant, avec tous ses morceaux.

RUE SAINTE-CATHERINE

Rue Sainte-Catherine
les trompettes obéiront-elles
aux forges des poudreries
soufflant le froid sur le chaud ?

Qui aurait dit que l'or immaculé
des saxophones
se serait démembré
la gamme des solfèges
juste pour des pendants d'oreilles ?

Sainte-Catherine perdra son bonnet
son tricot
et ses petites culottes de vieille fille
pour le plaisir de se joindre
aux musiques qui attendent
cul sur le trottoir
la douceur de juillet.

Le bel été calfeutrera tuques et foulards
dans les garde-robes
pour qu'advienne la moiteur des nudités
dessinant le pourtour
des lendemains revenus de tout.

Se pourrait-il qu'un jour, un bel amour déshabillé se retrouve cœur perdu, en talons hauts malgré la boue, comme tout amour qui se respecte et qui se bat contre la vie de tous sur nos calendriers mangeurs d'horloges ?

Se pourrait-il qu'un bel amour
de temps en temps
écarte la souplesse de ses cuisses
au froufrou de nos doigts
pourvoyeurs de gigues
et chercheurs de dentelles?

Rue Sainte-Catherine, la cire de nos chandelles devient rigide et ne coulera plus de source qu'à travers le vertige.

Combien faudra t-il d'amours fous
échappés de l'asile
des chambres d'hôtel
pour nous écorcher vifs ?

Remettons sur les rails nos wagons en zigzags vers l'adieu qui poivrera nos cœurs au nombril des cités boulonnées d'asphalte.

En quel jour
sans fond ni grenier
le soleil des sous-sols

viendra t-il courir
pour violer nos malheurs
afin qu'ils puissent fleurir
sur les petits cailloux
de nos cantiques
déguisées en chansons ?

**Quand viendra l'amour en pantoufles de bazooka,
en canon de ciel de lit pour aplanir à tous les jamais
nos champs de foin, pris à la gorge des pauvres ?**

Rue Sainte-Catherine
au rivage des quêteux en pantalon rouillé
qui viennent rapidement à leur rescousse
le festival charnel des derrières de portes
et des fenêtres branlantes
accompagne nos rhumes de cerveaux
sans mémoire
qui éternuent leur spasme
au moindre sursaut de batterie !

Que vienne
celui qui cognera sur les plaisirs
et qui sniffera le froid comme le chaud
de ceux dont l'itinéraire tout croche
est permanent
de ceux qui ne seront aimés
que par leur chien.

Saviez-vous qu'un jour, la nuit se jouera de nous en solo de trompette ?

SAISONS BIEN ASSAISONNÉES

Aurais-je marché
sur des éclats de verre
ou bien sur des charbons ardents
pour que la coupure
me brûle autant les yeux ?

**Lorsque l'amour devenu cancer s'est enfumé tout
cuit sur la broche de mes barbelés, il n'avait de foi
que pour le ciel de lit des rivières qui se la coulent
douce, loin des Niagaras.**

Qu'il nous soit copain
ou traître
l'amour est caverne de voleurs
qui a creusé son trou
dans nos têtes masturbées
quand elles jouaient du genou
sous la table.

N'allez pas croire
chers amis à l'absence aiguë
que l'été de nos hivers
deviendra glacier
ou bien rocher percé d'amour
pour nos cages.

Les maisons éternelles
ne sont plus des églises
qui sautent au bout d'une corde
et que les rats convoitent
pour les grignoter.

De leur sperme violacé
les rongeurs infestent
nos vieilles citadelles fripées
sans croix ni diable.

Mais la seule faim justifierait-t-elle les moyens qu'elle invente, quand l'amour, justement, fait la grève sur le tas au fumet de la merde ?

Quand même
oreilles tendues d'une oreillette à l'autre
nous croirions au sentiment blafard
qui survivrait à l'explosion
et nous serions morts de survivre.

L'amour est une émotion qui se moque
des coups de fouet camouflés
sous le tapis des années
qui déridèrent nos pénis.

Il est un cimetière de guerres lasses, accueilli comme un frère enterré de peines perdues.

L'amour est l'ombre frivole
qui bouge dans notre dos
fantôme de lui-même
pour mieux surprendre
nos culottes à terre.

Nous sommes une bibitte à poils
enfants pleurant sa tirelire
à la face des banques
envahies de corbeaux qui croassent
et qui se multiplient à l'avenant.

Amis qui partez souvent
sans chaloupes ni amarres
libérez les cœurs où vous êtes assis.

**Arpentez le sous-sol du plaisir face à face et même
s'il se trompait de miroir ou qu'il trahissait la perle
des pourceaux, déblayez l'entrée des corps qui tres-
saillent devant la porte des gens qui passent.**

Ces corps attendus
derrière les persiennes écloses
de nos nuits du dimanche
aux chattes sans boulevard.

Et ce ne sera plus l'hiver
épitaphe plumée
sur la tombe des anges
mais ce sera la belle saison

au sourire niaiseux
qui agressera sans fautes
notre littérature.

Des pigeons maniaques nous surveillent
et jalousent nos statues.

Imitant le silence
comme deux gouttes d'eau
ils guettent notre réveil
par l'échancrure des toits
et il nous surprendront
au jour qui verra se lever
autre chose que la faim
dans l'appétit du sexe.

Quand la vie se fait bâtarde et qu'elle déplie ses ailes roses au pesant des semelles, lorsqu'elle retrousse la chasuble, qu'elle se retourne, fesses en cuillère contre nous, nous devons vite la mettre hors d'état de jouir, au pied de l'échelle de nos valeurs fusillées au mur des inconvenances.

Sans questions ni réponses
ne jamais répondre de sa vie.

Aurais-je donc marché
sur des éclats de verre
ou bien sur des charbons ardents
pour que cette coupure
me brûle les yeux ?

SORTIE D'URGENCE

Dans un premier geste
la peine mouillera toujours nos cœurs
au quai des départs.

**L'écorce des bouleaux se déchire par tranches de
neige en deux coups de trompette.**

**Pour une dernière fois, la veine des racines courbe
son front pour accueillir la caresse du caressé par
la gifle de l'or pur.**

Sans l'ombre d'un doute
l'étourneau
à la fausse note
s'en mord déjà les doigts.

Miles ahead.

La musique rouge des guitares
sera de la ouate pour mes oreilles
qui ne s'entendront que mieux
accompagnant le jazz
car elle pourra recréer
des paysages
là où la fuite retiendra
les danses.

Dehors, le blues, entre deux cris, s'enferme dans un mutisme entendu de Dieu seul.

Les doigts rivés sur sa musique
Miles caresse les pistons
en nous tournant le dos
comme si la musique
se laissait deviner sans oripeaux
sans les grimaces d'Armstrong
et sans négritude.

Sa chanson a volé la vedette.

Round Midnight.

Son langage vient frôler
juste du bout des doigts
l'iris des fleurs
harnachées de couteaux
à griffes scintillantes
de prétention éjaculatoire
pour oreille adulte.

Lorsque nous rendrons notre souffle à la dernière chanson des trompettes d'éléphants, le diable noir fusionnera tendresse aux sexes vagabonds, avec l'amour humain à l'oxygène rare du poumon des jours, qui se traînent les pieds sur la rocaille des gouffres.

La liberté marche à reculons
dans ses petits souliers
contre la vie de tous
les orteils dans le sable
de nos rues Sainte-Catherine
encanaillées.

C'est tout ce qu'il nous reste.

Walking.

Debout dans sa mort
comme d'habitude
Miles Davis
aussi doux qu'une femme
chante le chaud et le froid
au moindre rappel
et du bout des lèvres.

So What.

**Aujourd'hui, la musique se taisant, l'esclavage aura
libre cours dans les universités pour la mise à séjour
d'un clair obscurantisme.**

Au puissant bordel du jazz
l'oreille se soûle
devant le rock n roll du poème
joué en phrases longues
comme la traîne
d'une mariée qui traîne.

Oleo.

Hors de tous calculs
Miles exprime la liberté du bop
comme celle du loup.

Le grand prince joue sa vie
en partageant son ciel.

Bye bye blackbird.

car dans un dernier geste de la main
l'orchestre pour homme seul
étreindra nos cœurs
et se jouera de nous
en disparaissant au lever du rideau.

TEMPÊTE

Durant nos insomnies toutes empêtrées d'hivers, la nuit retient sourdement ses rivières. Elle ne les divulguera qu'en décembre de tantôt au murmure des flocons, essoufflés batailleurs.

Les jours nous sont comptés
comme on raconte
le bas des pages
en chiffres déchiffrés.

Nos consciences aveugles
ne voient pas le jour
de survivre aux horreurs
des crapauds de boulevards
échappés de l'écran Immax
de l'été balconville.

Dans les rues,
plusieurs policiers ne respectent plus
la saison morte
des chasses à l'homme.

En ville
les autos se fracassent la gueule
sur les records de pollution.

Autour des chaumières
(endroits où l'on chôme)
les chasseurs font main-basse
sur nos romances
à coups de fusil
pour répétition théâtrales.

Glissez mortels
mais ne tombez pas
car la mort festoie
aux toilettes publiques
de l'existence
se gavant de prétextes
pour engraisser
les doublures du cercueil.

Petite fleur du pauvre, tes yeux demeurent sans ménagements d'amour et ta fleur délicate s'offrira aux caresses du matou qui ronronne près du poêle à bois, loin du corps des délits qui crépitent sous le feu.

Petite fleur du pauvre, éloignons-nous de la violence du bruit et de la glace de nos villes compromises aux lumières clignotantes des chars de police.

Fuyons les cités obèses
nourrissant les mâchoires
qui nous digèrent le sexe.

Notre fleuve géant
est le linceul d'un monstre
que nous éviterons
tremblants et frileux
avec quelque chose comme l'été
caché dans nos valises.

LE TIR À L'ARC

Valentin était un chasseur qui laissait ses proies mourir en forêts, au bout du sang des autres. Cupidon, son fils, ayant d'autres chats à fouetter, courait plutôt la galipote entre nos cuisses sans queue ni tête.

Les gens
nos amis les gens
tombent en amour
avec la neige qui s'effondre
sous le poids du froid
sans vouloir distinguer
les trois lumières du boulevard
restées figées au rouge.

La neige tombe
par amour du sol
qu'elle embrasse nuit et jour
à grandes lampées
et c'est misère de voir
le mal d'amour
feindre la passion
pour ne pas recevoir
une autre flèche au dos.

Semblable à Cupidon
Valentin a tellement la tête dure

qu'il lui suffit de décider
de bander son arc
pour qu'il se refuse à le faire
par obstination.

L'amour parfois nous trompe
tyrannique éléphant
américain
qui nous dévoile tout
avec défense d'y voir.

L'inconstance du vent obligera parfois l'archer à changer de route devant une cible passive qui espérait l'attaque sauvage pour mieux y perdre son âme.

Plusieurs bouquets s'égareront au lancer du hasard, qui fait si mal les choses.

Que penser des jacinthes qui retrouvent leurs racines en terre remuée ?

Qui n'a connu le soir
où l'amante grava
un cœur fléché
au couteau de ses doigts
dans l'écorce mince
des jours vieillissant
durant les nuits
où l'amour frappait
pour enivrer ?

Les bourgeons magiques
abandonnent leur semence
aux champignons
dont jouit le héros
quand il force la main.

Je sais trop bien que l'oiseau quittera l'arbre sans la moindre brise pour supporter son aile, mais Cupidon heureux, se cachera au détour de nos rues pour cribler nos regrets de pointes inguérissables.

Seule
la berceuse où Valentin
berce ses illusions
est souvent cahoteuse
au plancher inégal
de nos routines perdues.

N'arrêtons jamais
de vanter l'art martial
des Cupidons
dont l'utile flammèche
allume les feux de paille
aux quatre coins des yeux.

Espérons que nos vies éteintes
en viennent à brûler
d'un flamboiement
qui n'en finira plus
avant de se rallumer
à l'allumette du tireur.

Contre vents et marées
abrions notre flamme
gardons-lui la tendresse
épargnons-lui les coups
du chasseur aux abois
faisant flèche de tous bois.

Le jardin des planètes est la cour des enfants où les caresses du cœur arrachent les armures. Les tout-petits en nous deviennent des géants dans nos torses bombés de puissance et d'argile.

La tendresse est un ours qui cultive son miel.

La volupté se donne
à des mains harceleuses
quand la romance déchire
son dernier vêtement
face au cri des forêts.

Cupidon
force tendue de l'arc chercheur
vise l'offrande d'un Valentin
jusqu'au bout du blasphème.

Confions notre flamme au creuset du poing fermé contre les pyromanes qui la désirent et protégeons l'amour qui ressuscite la mort sans percer le cœur des abandons.

TOUTES NOS RICHESSES

On nous a fondus dans l'or massif.
Ce fut sans l'ombre
d'une certitude
qu'on a coulé le feu
au moule de nos cœurs.

**Nous respirons et vivons malgré nous, de gré ou de
force, comme allant de soi d'un ciel à l'autre avec la
soif de tout.**

**Lorsque l'amour renaîtra, le meurtre des innocen-
ces sera vengé par le discours des hirondelles.**

Notre amour
basculera l'horizon
afin de laisser la nuit
creuser le chemin
du triangle blond.

N'auriez-vous pas la dent longue
pour dévorer la liberté
qui s'amène
naïve
pour mieux dilapider
les bienfaits du ventre
à l'appétit des loups ?

Le sexe pointu
caché par le rire des femmes
saura comment retenir
la pierre de nos sexes
sous le jupon des rivières.

Le chaud plaisir des tempêtes viendra boire à même le sein des anges, avant qu'ils ne disparaissent sous la poussière des ruelles décoiffés par nos enfants mimant la mort en fusil de bois.

Toutes nos richesses
marchent dans nos bottines
en fréquentant des gouffres
à l'image du désir
et le visage des autres
demande la tendresse
des heures excessives
creusées aux sillons
de nos terres.

Sache donc
toi la redoutable
que je garde
ta dernière danse pour moi !

Amour, éternellement vibrant, aux cordes argentées des cages de pianos qui se donnent des airs, on nous embaumera dans la dorure jusqu'avant la mort.

Nos lingots ne se vendront plus qu'au prix qu'on nous aura donné au tirage des pauvres que l'on mettra au mur.

www.ingramcontent.com/pod-product-compliance
Lightning Source LLC
Chambersburg PA
CBHW051841090426
42736CB00011B/1919